The Green Zone Conversation Book

Finding Common Ground in Conversation for Children on the Autism Spectrum

用颜色学沟通

找到共同话题的视觉策略

[美]乔尔·沙乌尔（Joel Shaul, LCSW）/著

王漪虹/译

华夏出版社
HUAXIA PUBLISHING HOUSE

目录

简介   1

第一部分：用颜色学沟通

第1节   什么是绿色地带？   5

第2节   绿色地带因人而异   19

     两个人的兴趣探测器   23

第3节   对话的三级地带   29

     零级：空白地带   30

     一级：绿色地带   32

     二级：亮绿地带   34

第4节   一般兴趣与特殊兴趣   39

第5节   提问、称赞与评论   47

     提问/称赞/评论小助手   51

第6节   在正确的地带里谈话的感觉更好   53

第7节   致成人   67

第二部分：活动与练习单

绿色地带涂色练习单   72

全都关于TA练习单	73
两个人的绿色地带练习单	74
你的最爱练习单	75
当你谈论自己的爱好时，别人怎么想？	76
空白地带探测表	77
绿色地带探测表	79
亮绿地带探测表	81
一般兴趣练习单	83
一般兴趣和特殊兴趣图	84
找出大多数人感兴趣的爱好	86
好问题带你走进绿色地带和亮绿地带	87
好问题练习单	88
称赞带你走进绿色地带和亮绿地带	89
称赞练习单	90
称赞你认识的人	91
称赞更多的人	92
友善的评论带你走进绿色地带和亮绿地带	93
友善的评论练习单	94
编写一篇关于同龄女孩的故事	95
编写一篇关于同龄男孩的故事	96
另一个人的兴趣图	97

简介

什么是绿色地带？

孤独症谱系障碍（ASD）儿童在谈话时，常常很难找到他人感兴趣的话题。很多谱系儿童都有着狭窄且强烈的兴趣偏好，而且会不自觉地在对话中介绍自己的偏好。此外，谱系儿童缺乏社交闲聊方面的认知，不了解常见的兴趣。

本书提供了一个简单的可视化模型，帮助儿童成功体验如何在对话中找到共同话题。"绿色地带"形象地展示了一个人（蓝色）和另一个人（黄色）的交集，"绿色地带"代表这两个人的共同兴趣。"亮绿地带"则指的是对话的主题以他人的兴趣为主，而不是以自己的为主。

边读边练

强烈建议在阅读过程中多做停顿，抽出时间进行角色扮演练习。最简便的方法就是您饰演书中所描述的不同人物，让孩子和您对话。第7节"帮助孩子使用《用颜色学沟通》"有更多关于角色扮演练习的妙招。

找出二人的兴趣点

第2节里有两张跨页图，每张图上都有数十张照片展示各种各样具体的兴趣。"两个人的兴趣探测器"能让两个人面对面地比较兴趣。

练习单

第二部分中的练习单可复印，其中很多都应反复使用。"两个人的绿色地带练习单"十分重要，它需要两个孩子同时完成，如果能和孩子认识的每个人都做一次，则最为理想。

绿色地带

第一部分

用颜色学沟通

第1节

什么是绿色地带？

你喜欢思考
你自己的兴趣。

思考它们的感觉很好。

比起其他事,你更懂
你最喜欢的事。

设想一下,我们可以看另一个人的大脑,看到她爱谈论什么。

这个女孩
喜欢思考这些事。

她喜欢谈论
关于它们的话题。

其他人喜欢

思考他们喜欢的事。

他们喜欢

思考他们的最爱。

比起其他事，

他们更懂他们最喜欢的事。

这个男孩
喜欢思考这些事。

他喜欢谈论
关于它们的话题。

你喜欢思考
你自己的兴趣。

但是其他人
可能在思考别的事。

所以,
你要学着谈论
绿色地带里的话题。

当你谈论**绿色地带**里的话题时，

你就是在谈论你和他人都感兴趣的事。

就像把两个人的兴趣

混合在一起,

成为一种
"新的颜色"。

这是你刚刚认识的那两个孩子,以及他们各自的兴趣。他们能在**绿色地带**里谈论什么?

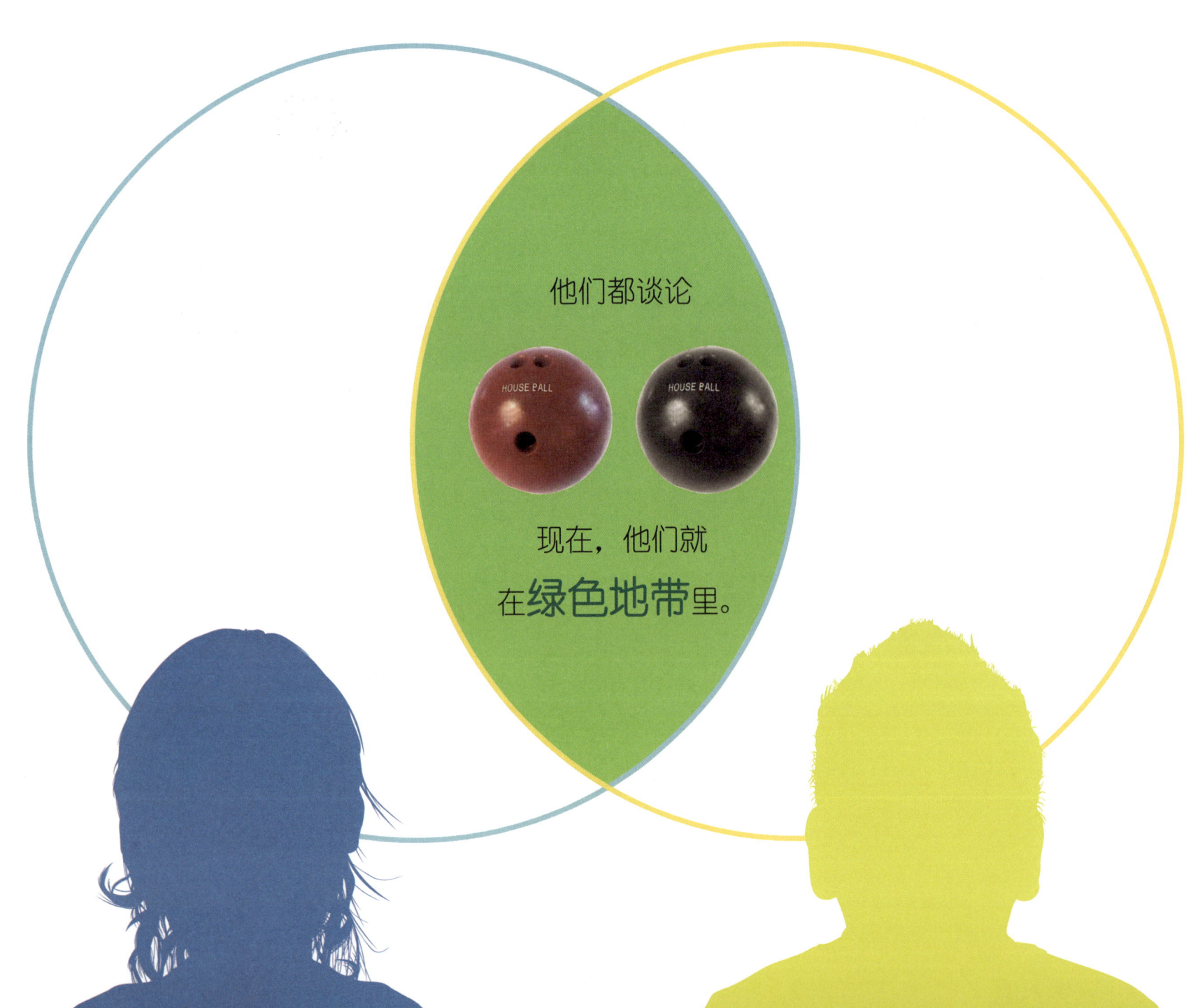

狗　电游　亲人　　玩具士兵　今日天气　幻想故事

可动人偶　今日天气　　地图　圣经

这是两位新朋友。

他们能在**绿色地带**里

谈论什么？

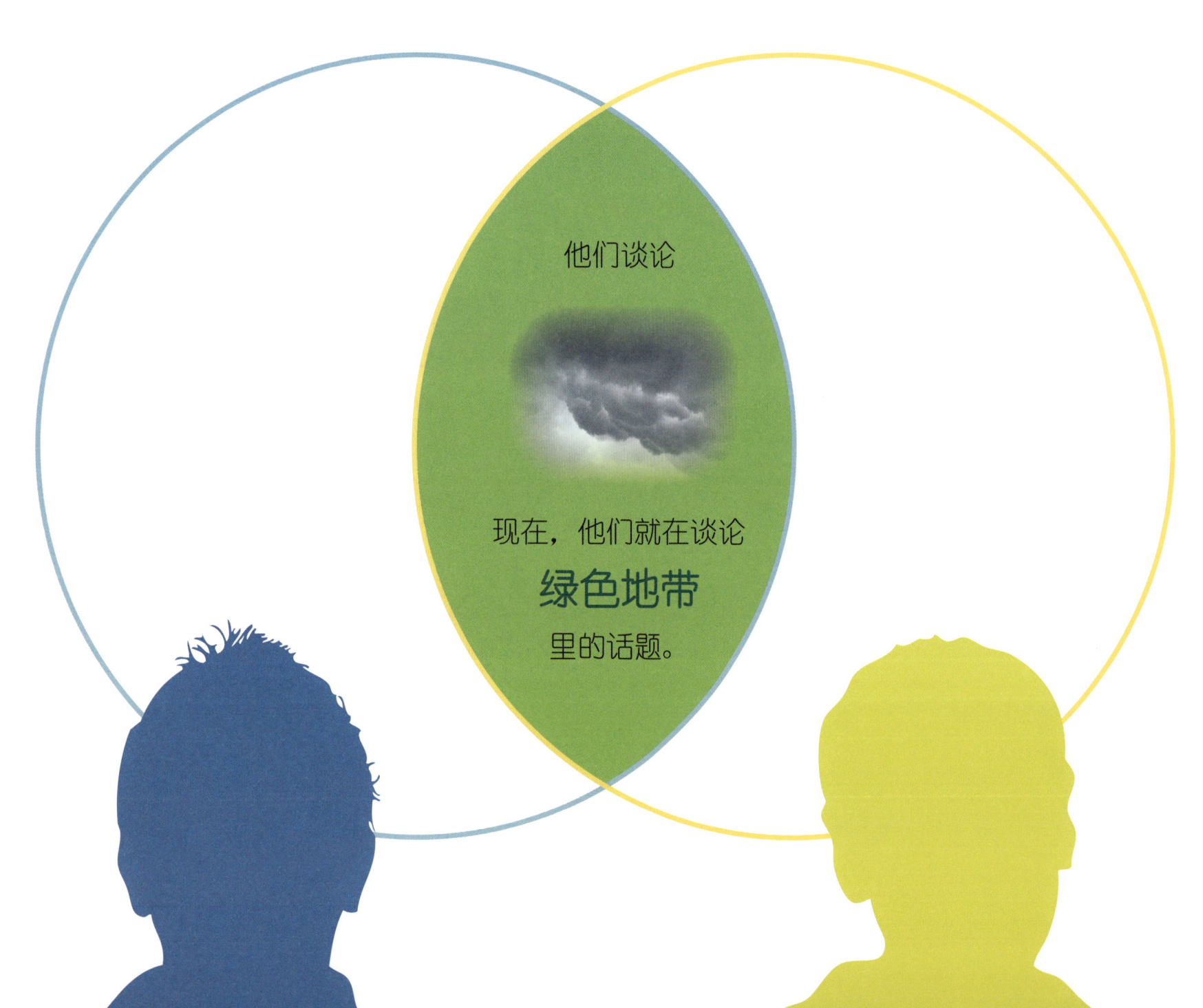

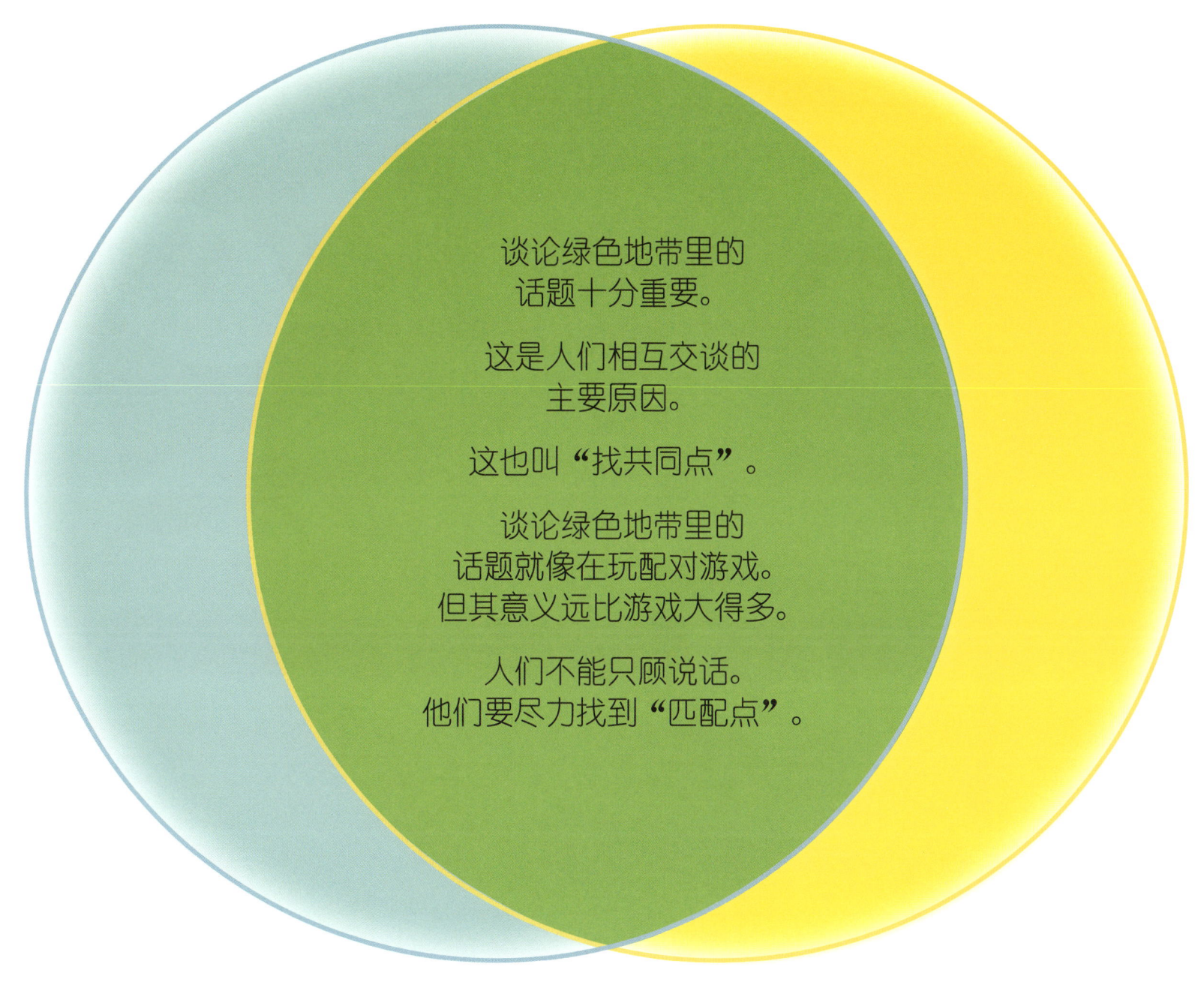

谈论绿色地带里的
话题十分重要。

这是人们相互交谈的
主要原因。

这也叫"找共同点"。

谈论绿色地带里的
话题就像在玩配对游戏。
但其意义远比游戏大得多。

人们不能只顾说话。
他们要尽力找到"匹配点"。

如果人们不努力进入绿色地带，
他们简直就是在自言自语。

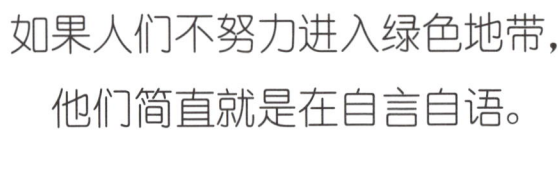

他们无异于两台没联网的电脑。

第 2 节

绿色地带因人而异

小的时候,我们谈论的都是小孩子的事。

但是,随着年龄的增长,绿色地带也会发生变化,人们的兴趣会变得更加成熟。

小孩子的兴趣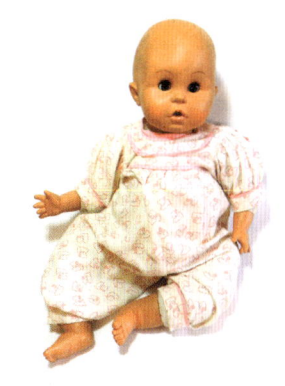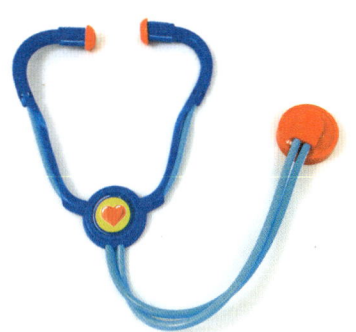

成年人的兴趣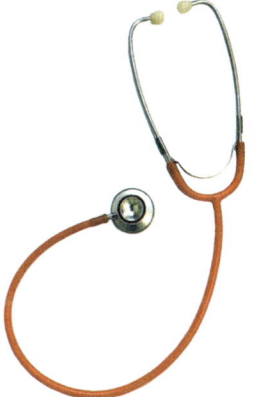

小孩子的兴趣

成年人的兴趣

如果孩子长大后，仍保留了年幼时的兴趣，他们通常会回避谈论这些兴趣。
大多数成年人都会培养出新的兴趣。

两个人的兴趣探测器

和另一个人一起使用"兴趣探测器",
找出进入绿色地带的方法。

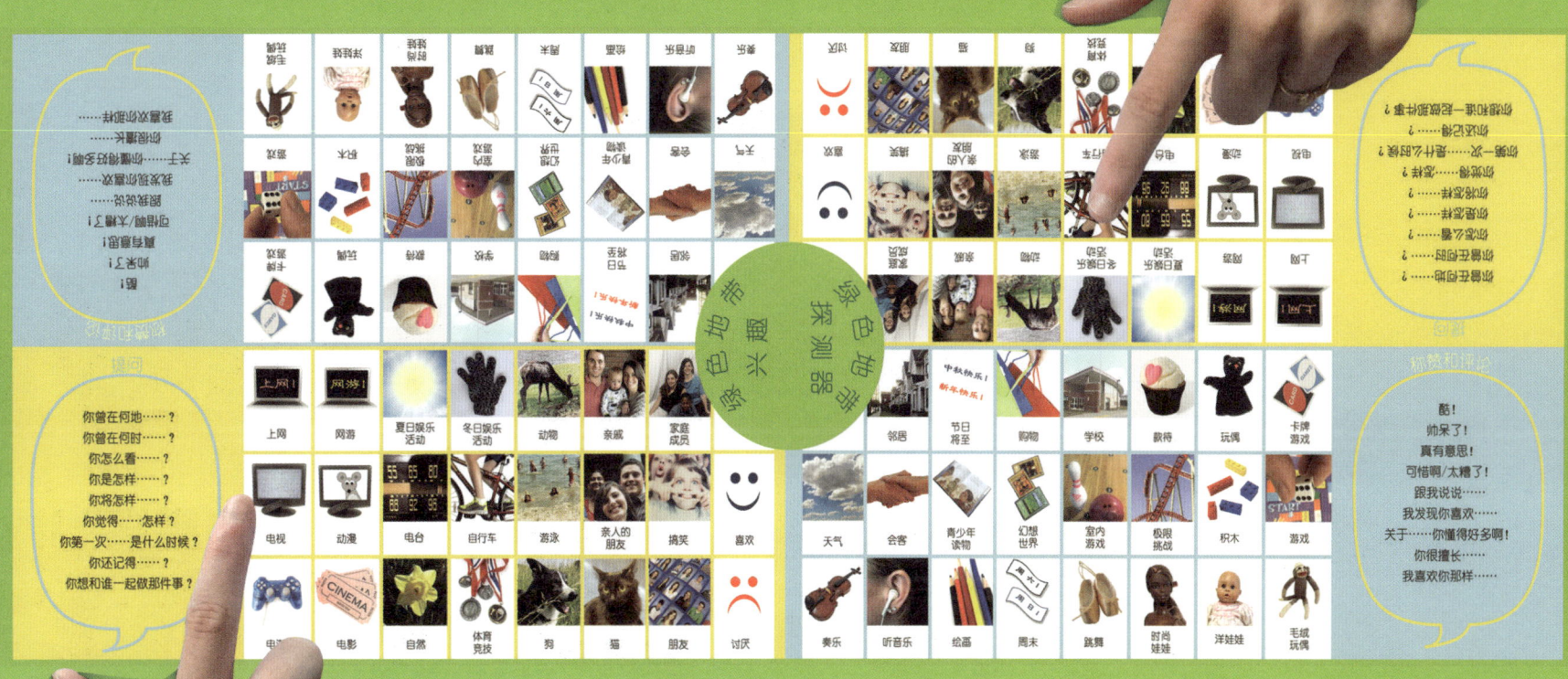

称赞和鼓励

哇！
帅呆了！
真有意思！
哇噻啊／太棒了！
跟我说说……
我很欣赏你……
关于……你懂得很多啊！
你真的很棒……
我喜欢你跳舞……

提问

你曾在何地……？
你曾在何时……？
你怎么看……？
你是怎样……？
你将怎样……？
你觉得……怎样？
你第一次……是什么时候？
你还记得……？
你想和谁一起做那件事？

毛绒玩具	洋娃娃	娃娃 朋友	跳舞	周末	绘画	听音乐	拉琴
游戏	积木	极限游乐	保龄	书籍	最爱动物	多谢	天气
卡牌游戏	拉猫	蛋糕	学校	放风筝	书与节日	列车	
上网 	网游 	夏日娱乐活动 	冬日娱乐活动 	动物 	亲戚 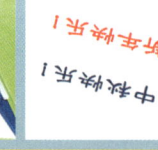	家庭成员	
电视	动漫	电台	自行车	游泳	亲人的朋友	搞笑	喜欢
电游 	电影 	自然 	体育竞技 	狗	猫	朋友	讨厌

认识和饮食

- 嗨！
- 你好！
- 早上好！
- 可爱啊！/太棒了！
- 跟我说……
- 我喜欢你……
- 天啊……你说得对极啊……
- 你的眼长……
- 我喜欢你那件……

提问

- 你曾在何地……？
- 你曾在何时……？
- 你怎么看……？
- 你是怎样……？
- 你将怎样……？
- 你觉得……怎样？
- 你第一次……是什么时候？
- 你还记得……？
- 你想和谁一起做那件事？

软件	运动体育	杂技	阅读	衣架	宗教	我国人民	我的家乡
多人游戏	电话	多人运动	地图导航	打扮	戏剧	派对	气球
电脑游戏	新闻	摄影	旅行	头发	朋友	玩具	
数学	自学	工作	大童玩具	给予	浪漫	怀旧	
科学	老师	挣钱	烹饪	帮忙	家务	照顾他人	跑步走路
历史	家庭作业	花钱	外出用餐	食物	汽车	运动锻炼	我的未来

2025.
2035.
2045
205

零级：空白地带

一级：绿色地带

二级：亮绿地带

第3节

对话的三级地带

零级：空白地带

倘若你用了很长时间谈论对方不感兴趣的话题，你就是在**空白地带**里。

有什么话题会让你说个没完？

在**空白地带**里，你可能感到非常舒适。

但是，对方可能会很痛苦。

这里有一个例子。

他一直在说电游！可我压根就不喜欢电游。

弗兰克

吉娜

一级:绿色地带

两个人一起讨论他们都感兴趣的事。

弗兰克发现吉娜和他一样喜欢电脑。
现在,他们就在**绿色地带**里。

二级：亮绿地带

你聊了一会儿对方喜欢的话题，
即使你对此并不那么感兴趣。

这里有一个**亮绿地带**的例子。

弗兰克发现吉娜喜欢画画。

尽管弗兰克对画画并不感兴趣，可他还是问了吉娜几个关于画画的问题。

画画对吉娜而言似乎很重要。我最好问她一些关于画画的问题。

弗兰克显得很感兴趣。

那么，吉娜，你最近画了些什么？

弗兰克

吉娜

吉娜对弗兰克产生了一些好感。

当我说起画画时,弗兰克在倾听,我喜欢他这样。这让我感觉很好!

吉娜

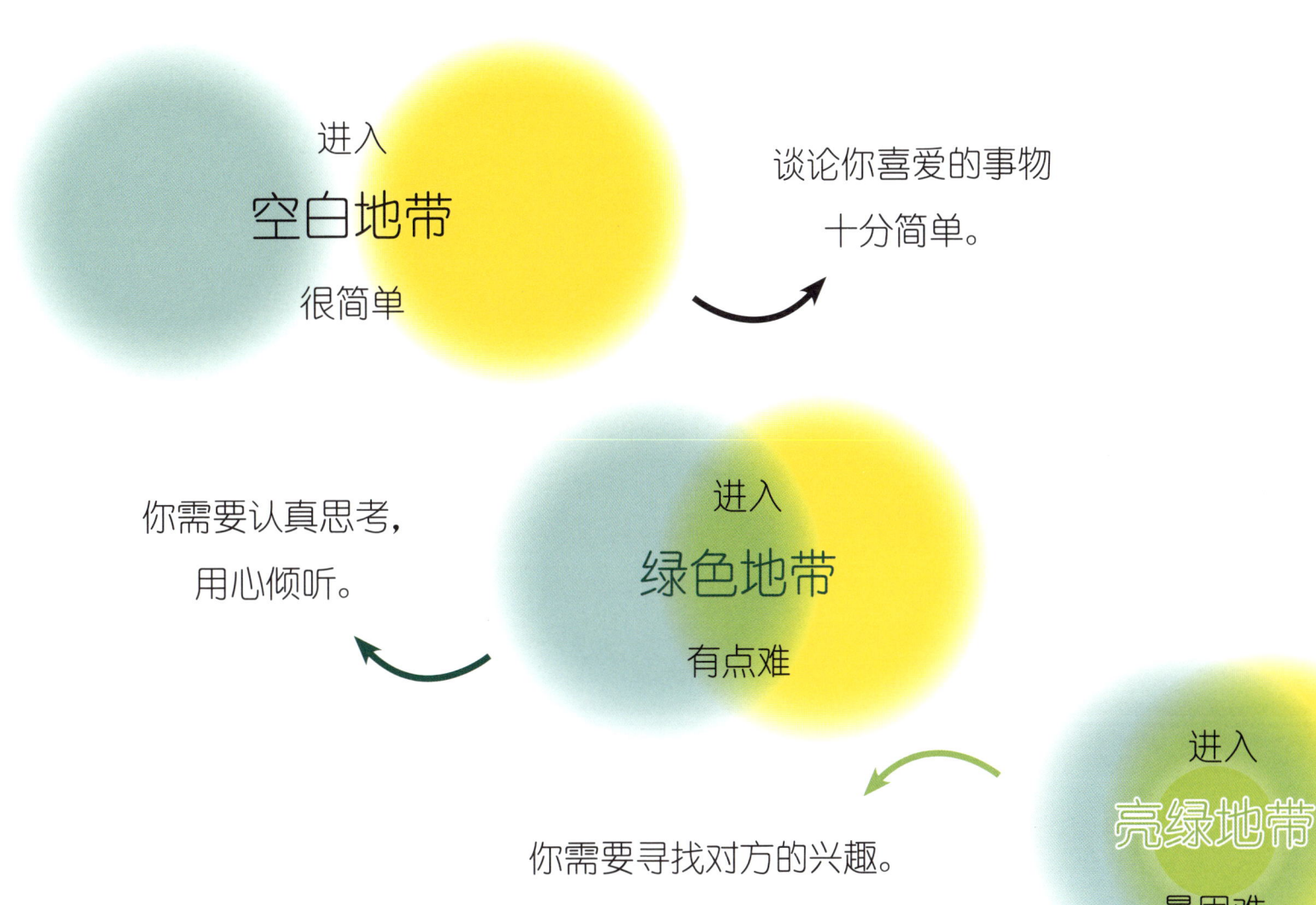

人们可能会告诉其他人，你是个很好的倾听者。

弗兰克似乎是个很不错的人，你是不是也这么觉得？

是啊！

吉娜

杰夫

第 4 节
一般兴趣与特殊兴趣

有时候，人们发现他们有着同样的特殊兴趣。

这两个人都喜欢老式闹钟。

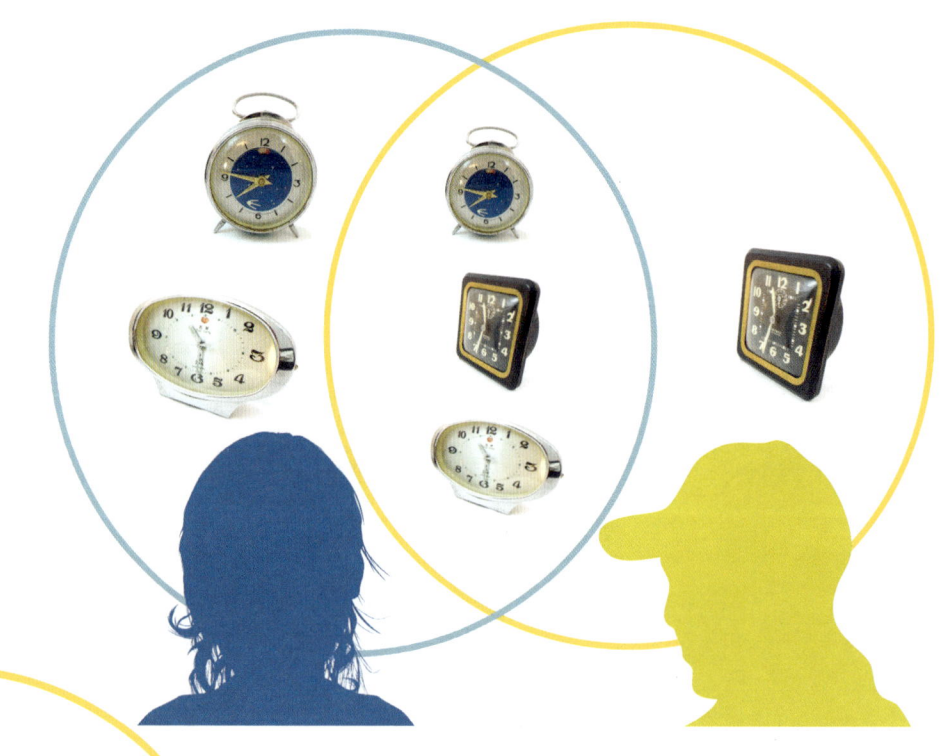

然而，更多时候，人们的绿色地带里是一般的事物。

这两个人发现，热播的电视节目能让他们聊到一起去。

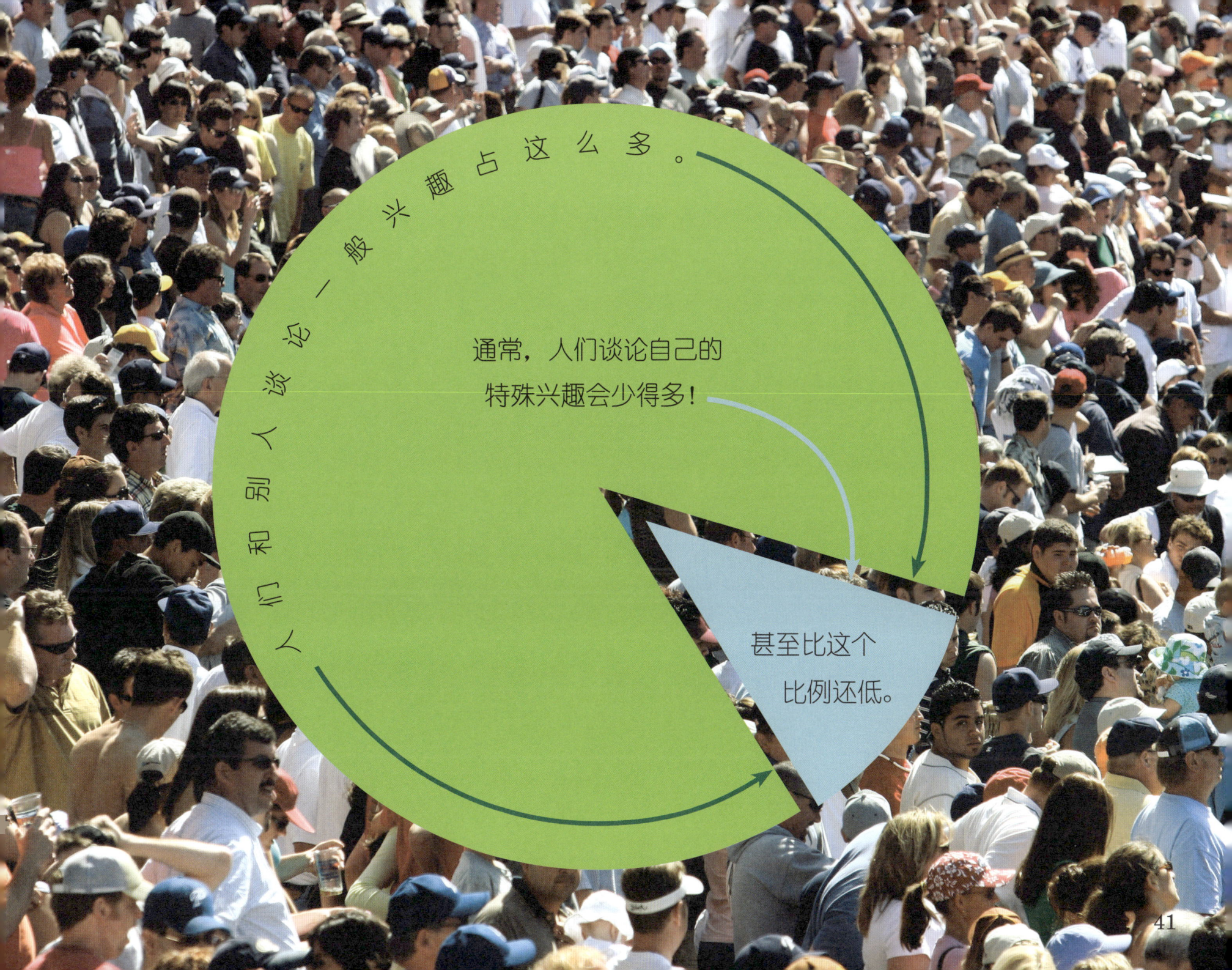

人们和别人谈论一般兴趣占这么多。

通常，人们谈论自己的特殊兴趣会少得多！

甚至比这个比例还低。

这并不表示人们的
特殊兴趣不好。它们也很棒！

这只能说明，倘若人们过于频繁地
谈论特殊兴趣，那么他们就达不到
理应进入绿色地带的次数。

在谈论自己喜爱的事物时，人们都有各自的想法。

请仔细阅读这些不同的可能性。

- 这真有趣。这是我最爱的话题之一。

- 这我可不太懂。或许我应该多了解一些。

- 我有时也可以听听这个话题，但不是现在。

- 一开始，我觉得这个话题有点意思。但几个月之后，我完全不感兴趣了。

- 一天之内听一两次还是可以的。

- 这个话题对这个人来说十分重要。我会礼貌地听一会儿。

- 听到这里，我想做的就是怎么才能让它停下来。

- 这人为什么一直说这个？这真让我觉得很头疼。

这里列举了一些大多数人会和他人谈论的一般兴趣。

这就是所谓的"闲聊"。

闲聊的作用并不小。

人们闲聊的次数要比其他任何类型的对话都要多。

食物

天气

电视

阅读

学校

这里还有一些大多数人会和他人谈论的一般兴趣。

节日

换季

宠物

你还能想出更多例子吗?

第5节

提问、称赞与评论

……走进绿色地带和亮绿地带

提问: 你可以问人们的问题

那么,这个假期你打算怎么过?

主要待在家里吧。你呢?

称赞： 当你说你喜欢别人做的某事时

这次数学测验你考得可真好啊。

谢谢！哦，你的美术作品非常棒。

评论: 能表明你听了别人说的话,并对别人说的话感兴趣

你说你买了部新手机。

是啊。
原来那部坏了。

提问/称赞/评论小助手

- 可以复印本页。
  结合本书中其他练习活动，在对话中使用这些句型。
- 恰当的词语和句型并不只有这些。
  但你可以从这里开始。

提 问

- 你喜欢……吗？
- 你最喜欢的……是什么？
- 你觉得……怎么样？
- 你在哪……？
- 你什么时候……？
- 你是怎么……？

称 赞

- 酷！
- 厉害啊！
- 有意思！
- 我喜欢你……
- 你可真擅长……
- 你知道好多……
- 我喜欢你的……

评 论

- 跟我说说……
- 我发现你喜欢……
- 我想知道……
- 你说过一些关于……
- 我很遗憾……

第6节

在正确的地带里谈话的感觉更好

接下来的13页向你展示了13个人不同的兴趣。

你可以和你身边的成人一起来假扮这些人物。

运用你所学的,练习和他们中的每一个人进行对话。

练习与 **道格** 对话

如果你和道格有相同的兴趣，和他聊一聊 **绿色地带** 里的话题。

如果你和道格的兴趣不一样，和他聊一聊 **亮绿地带** 里的话题。

你

他爸爸上班开的车

他给你看他的小刀

他爱吃的东西

他的两条狗

道格

练习与**蒂芙尼**对话

如果你和蒂芙尼有相同的兴趣，和她聊一聊**绿色地带**里的话题。

如果你和蒂芙尼的兴趣不一样，和她聊一聊**亮绿地带**里的话题。

你

蒂芙尼

她的望远镜和鸟类图书

她喜欢去散步的地方

练习与**麦克斯**对话

如果你和麦克斯有相同的兴趣，和他聊一聊**绿色地带**里的话题。

如果你和麦克斯的兴趣不一样，和他聊一聊**亮绿地带**里的话题。

你

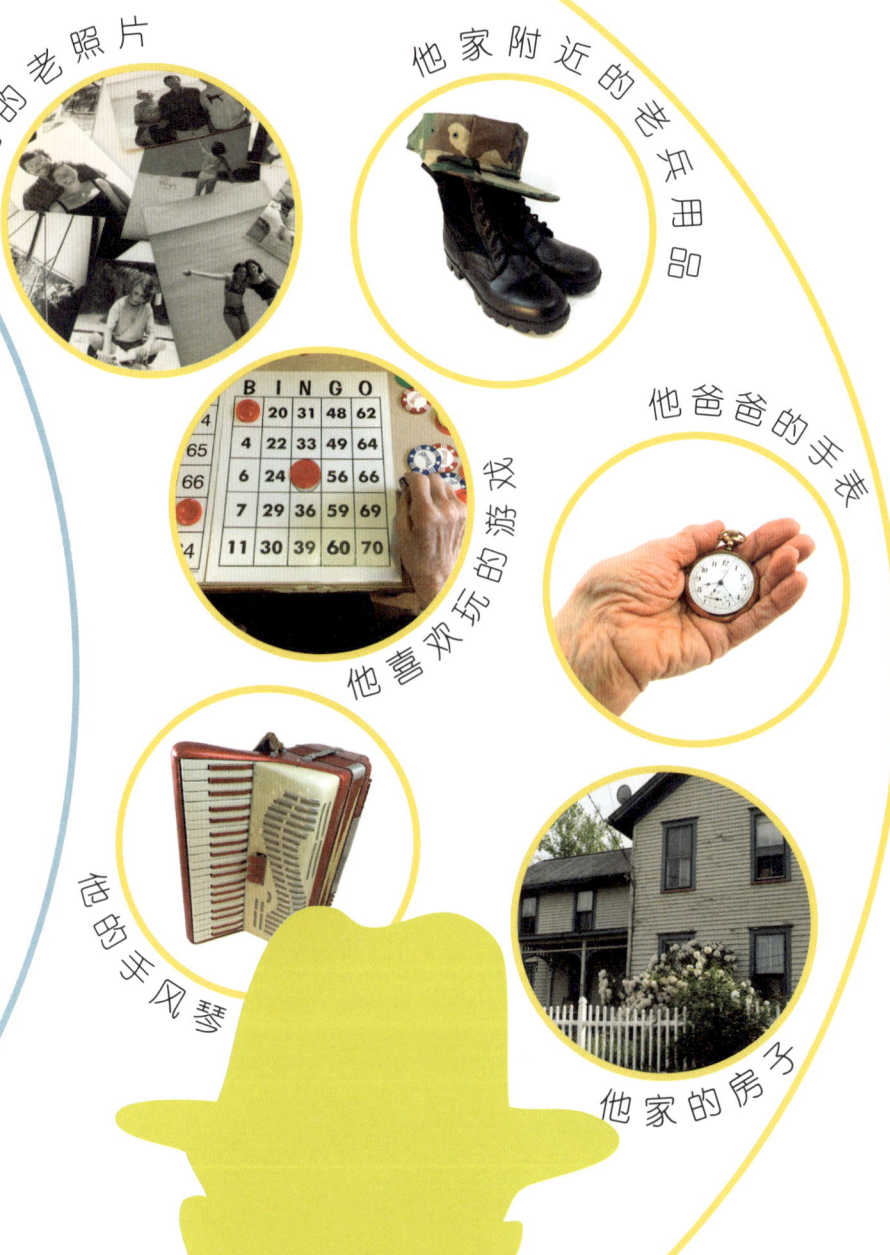

他的老照片
他家附近的老兵用品
他喜欢玩的游戏
他爸爸的手表
他的手风琴
他家的房子

麦克斯

练习与**玛莉亚**对话

如果你和玛莉亚有相同的兴趣，和她聊一聊**绿色地带**里的话题。

如果你和玛莉亚的兴趣不一样，和她聊一聊**亮绿地带**里的话题。

你

家庭野餐　秋千　她的洋娃娃　她姨妈的旧书　她的团队

玛莉亚

练习与**罗恩**对话

如果你和罗恩有相同的兴趣，和他聊一聊**绿色地带**里的话题。

如果你和罗恩的兴趣不一样，和他聊一聊**亮绿地带**里的话题。

练习与**詹姆斯**对话

如果你和詹姆斯有相同的兴趣，和他聊一聊**绿色地带**里的话题。

如果你和詹姆斯的兴趣不一样，和他聊一聊**亮绿地带**里的话题。

拼搭玩具

玩具

搞笑视频

假期

口袋妖怪卡

你

詹姆斯

练习与**卡莉**对话

如果你和卡莉有相同的兴趣，和她聊一聊**绿色地带**里的话题。

如果你和卡莉的兴趣不一样，和她聊一聊**亮绿地带**里的话题。

你

朋友　烘焙　游泳　徒步旅行　婴儿　甜食

卡莉

练习与**安吉拉**对话

如果你和安吉拉有相同的兴趣，和她聊一聊**绿色地带**里的话题。

如果你和安吉拉的兴趣不一样，和她聊一聊**亮绿地带**里的话题。

你　　　　　　　　安吉拉

国际象棋　校园酷事　奶奶的旧物　她的学校作业　她的猫

练习与**妮妮**对话

如果你和妮妮有相同的兴趣，和她聊一聊**绿色地带**里的话题。

如果你和妮妮的兴趣不一样，和她聊一聊**亮绿地带**里的话题。

你

她的男友　她的教堂　滑冰　她的工作　社交软件

妮妮

练习与**卡洛斯**对话

如果你和卡洛斯有相同的兴趣，和他聊一聊**绿色地带**里的话题。

如果你和卡洛斯的兴趣不一样，和他聊一聊**亮绿地带**里的话题。

你

卡洛斯

绘画

他的新轮椅

写故事

吉他

热巧克力

他的鱼

练习与**亚当**对话

如果你和亚当有相同的兴趣，和他聊一聊**绿色地带**里的话题。

如果你和亚当的兴趣不一样，和他聊一聊**亮绿地带**里的话题。

你

棒球

涂色

炫酷的石头

乐高

他的玩具

亚当

练习与**康老师**对话

如果你和康老师有相同的兴趣，和她聊一聊**绿色地带**里的话题。

如果你和康老师的兴趣不一样，和她聊一聊**亮绿地带**里的话题。

你

其他老师 / 教学 / 沙拉 / 鲜花 / 某人的曲棍球奖杯和她桌上的这张照片 / 编织

康老师

练习与**琼斯先生**对话

如果你和琼斯先生有相同的兴趣，和他聊一聊**绿色地带**里的话题。

如果你和琼斯先生的兴趣不一样，和他聊一聊**亮绿地带**里的话题。

逛展会

最爱的食物

他的工作

回忆他父母

他的其他工作

你

琼斯先生

第7节
致成人
帮助孩子使用《用颜色学沟通》

使用《用颜色学沟通》及练习单
说一说角色扮演练习

《用颜色学沟通》中的活动旨在创设由成人引导的对话练习，分类如下：

- 孩子与家长的角色扮演练习，家长扮演本书中某一人物。举个例子，可以这样对孩子说："你来拍拍手，我就变成11岁的凯莉。"然后继续。
- 孩子与另一个人(可以是成人，也可以是儿童)的对话练习，本色出演。使用第2节中的兴趣探测器开始这类练习。
- 由孩子扮演本书中的某一人物的角色扮演练习。这类练习最具挑战性，需要孩子换位思考。

在进行本书中的对话练习时，拍摄对话视频，然后和孩子一起回看。这是非常有价值的教学法，强烈推荐。

这里提供一套在绿色地带的结构中进行角色扮演的视觉策略。你可以用粉笔在地板上画出两个有交集的大圆圈，也可以用透明胶带将画有此种图形的纸贴在地板上。让孩子面对面地站在交集部分的两端，让他们找出共同的兴趣。如果找到了，他们就一起向前，进入交集部分（绿色地带）。

请结合孩子的实际年龄、需求及理解能力，为他们匹配对应的书中练习。

第1节：什么是绿色地带？
相关学习活动和练习单
绿色地带涂色练习单（第72页）

这张练习单可以在阅读完第1节的内容后直接使用。不论是幼儿，还是喜爱涂色的孩子，这张练习单都十分简单。

第2节：绿色地带因人而异
相关学习活动和练习单
全都关于TA练习单（第73页）

这张练习单可以在介绍第2节的"两个人的兴趣探测器"之前或之后使用。无须强制孩子画图，但多数孩子都很乐意画上配图。

你可以让孩子多填几份，从而帮助孩子更好地理解家庭成员、同龄儿童不同的兴趣。

两个人的兴趣探测器（第23~27页）

在第2节里有两份"兴趣探测器"。在这两份"兴趣探测器"上都是常见的兴趣。使用时，两个人面对面，并将打开的书放在二人之间。第二份"兴趣探测器"还涵盖了一些大龄孩子及青少年的兴趣。

在46张图片的两侧是提问、称赞与评论的常用句型。关于提问、称赞与评论在第5节做了进一步的说明。

为了激励孩子做好"配对"，他们每找到一个相同的兴趣，你就可以在纸上计1分，或是在书边放1枚代币。

鼓励儿童使用"兴趣探测器"来谈论对方的所有兴趣，而不仅仅是他们的共同爱好。这就引出了第3节亮绿地带的概念。

让孩子假扮成他们认识的某个人，然后和你进行配对练习。在练习的过程中，教会他们如何保持换位思考。

两个人的绿色地带练习单（第74页）

"两个人的绿色地带练习单"是本书最耐用的工具。推荐您经常使用。

两个儿童应同时填写练习单，而不应轮流完成填写。让二人一起填写能达到更好的效果。在填写时，孩子可能需要您的指导。请帮孩子们安排好座位，并指明填写的位置。

在教室里，您可以用布告板或装订器汇总已填好的"两个人的绿色地带练习单"。这能为学生们提供参考，帮助他们判断自己和同学们有哪些共同之处。

困 难	解 决 办 法
两个孩子一起填写"两个人的绿色地带练习单"时会撞到一起。	让孩子面对面错开，坐在桌子的两侧。在对角线的位置斜向一边写，或者采用其他可行的方法。
孩子可以写自己的兴趣，却对对方的爱好不感兴趣。	运用奖励机制，按两个人匹配的兴趣数量给两人积分或发放代币。鼓励友好竞争。
找匹配的兴趣对孩子们来说有一定难度。	让他们从"简单"的兴趣类别开始，如食物、节假日、电子游戏。

第3节：对话的三级地带
相关学习活动和练习单

之所以要将对话划分成三个等级，其中一个原因就是要认清哪种对话最好。您可以运用等级体系来鼓励孩子在对话练习中更加努力。

可以尝试这样说："在你玩电子游戏时，你是甘愿停留在初始等级，还是想尽力达到最高级别呢？"

在帮助孩子展开对话时，可以考虑加入绿色地带术语。在我们给孩子提供反馈时，常常会习惯性地用到一些严厉并带有贬义的词语。而另一些表达，比如"共性"，可能会令很多孩子感到困惑。

传统的说法	绿色地带用语
"这很无聊。"	"小心哦！这可是空白地带。"
"找出你们的共性。"	"努力找出你和这个人的绿色地带。"
"找出另一个人感兴趣的事物。"	"进入最高级别——亮绿地带。"

第4节：一般兴趣与特殊兴趣
相关学习活动和练习单
一般兴趣与特殊兴趣的练习单（第75~86页）

这些练习单旨在提高孩子对自己的认知，让他们更清楚自己在日常对话中留给他人怎样的印象。在做这部分练习时，一定要注意技巧，并充分考虑孩子的情绪。我们并不希望孩子得出"我的兴趣很愚蠢，我做的所有事情都让人感到厌烦"这样的结论。我们希望孩子能这样想："我的兴趣也很不错，但是过多地谈论它们可不好。"

在孩子学习到这个阶段时，应该拿出一些时间，让孩子和其他人说一说TA的特殊兴趣。其他孩子可以将此作为对专注力的训练。让所有参与者都能练习进入绿色地带和亮绿地带。

第5节：提问、称赞与评论
相关学习活动和练习单

如果不让他们谈论自己最大的兴趣，那么该说什么就成了困扰很多儿童的难题。这一节为孩子们展示了如何运用提问、称赞和评论来填补此处的空白，并在对话中更积极地回应他人。

在您教孩子提问、称赞与评论时，一些孩子会倾向于弄懂为数不多的词语，并过于频繁地使用这些词语。鼓励孩子使用更多不同的词语、短句。

提问/称赞/评论小助手（第51页）

推荐您复印此页，并把它放在手边，让孩子在做角色扮演练习时可以参考。

提问/称赞/评论练习单（第87~96页）

使用这些练习单的最佳方式就是，让孩子在写完练习单后，大声读出他们的答案。

第6节：在正确的地带里谈话的感觉更好
相关学习活动和练习单

那些专注于个人兴趣的儿童很难想象其他人是怎么想的。这一节提供了一些例子。

很多儿童会发现页面上的图片没有一个在他们的绿色地带里。此时可以鼓励孩子尝试进入亮绿地带。如果您愿意，可以做一张分数表，记录孩子的得分，每运用一次绿色地带和亮绿地带的提问、称赞或评论计1分，从而强化孩子应对这一困难的能力。

再次推荐您复印"提问/称赞/评论小助手"，并把它放在手边，作为完成本节练习的参考。

另一个人的兴趣图（第97页）

绘画练习单可仿照第6节中的13张图片页进行绘制，这是给喜爱绘画的孩子布置的额外作业。

第二部分

活动与练习单

目录

绿色地带涂色练习单

全都关于TA练习单

两个人的绿色地带练习单

你的最爱练习单

当你谈论自己的爱好时,别人怎么想?

空白地带探测表

绿色地带探测表

亮绿地带探测表

一般兴趣练习单

一般兴趣和特殊兴趣图

特殊兴趣练习单

找出大多数人感兴趣的爱好

好问题带你走进绿色地带和亮绿地带

好问题练习单

称赞带你走进绿色地带和亮绿地带

称赞练习单

称赞你认识的人

称赞更多的人

友善的评论带你走进绿色地带和亮绿地带

友善的评论练习单

编写一篇关于同龄女孩的故事

编写一篇关于同龄男孩的故事

另一个人的兴趣图

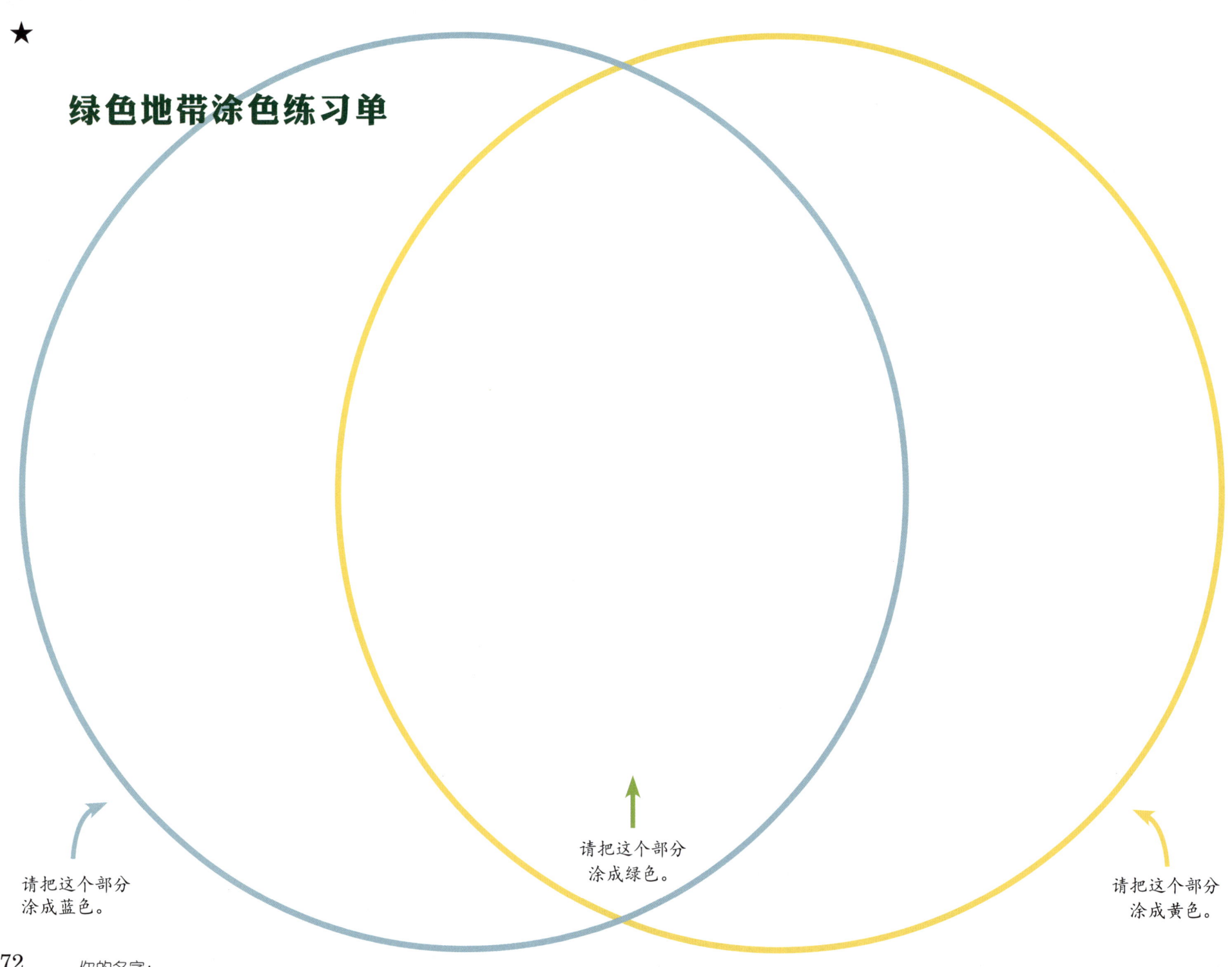

全都关于TA练习单

1. 请在表头的横线上，填一个你认识的人的名字（见箭头）。
2. 在下面的四个方框里，写出这个人喜欢思考和谈论的事物。
3. 画四幅简单的配图，展示这些兴趣。

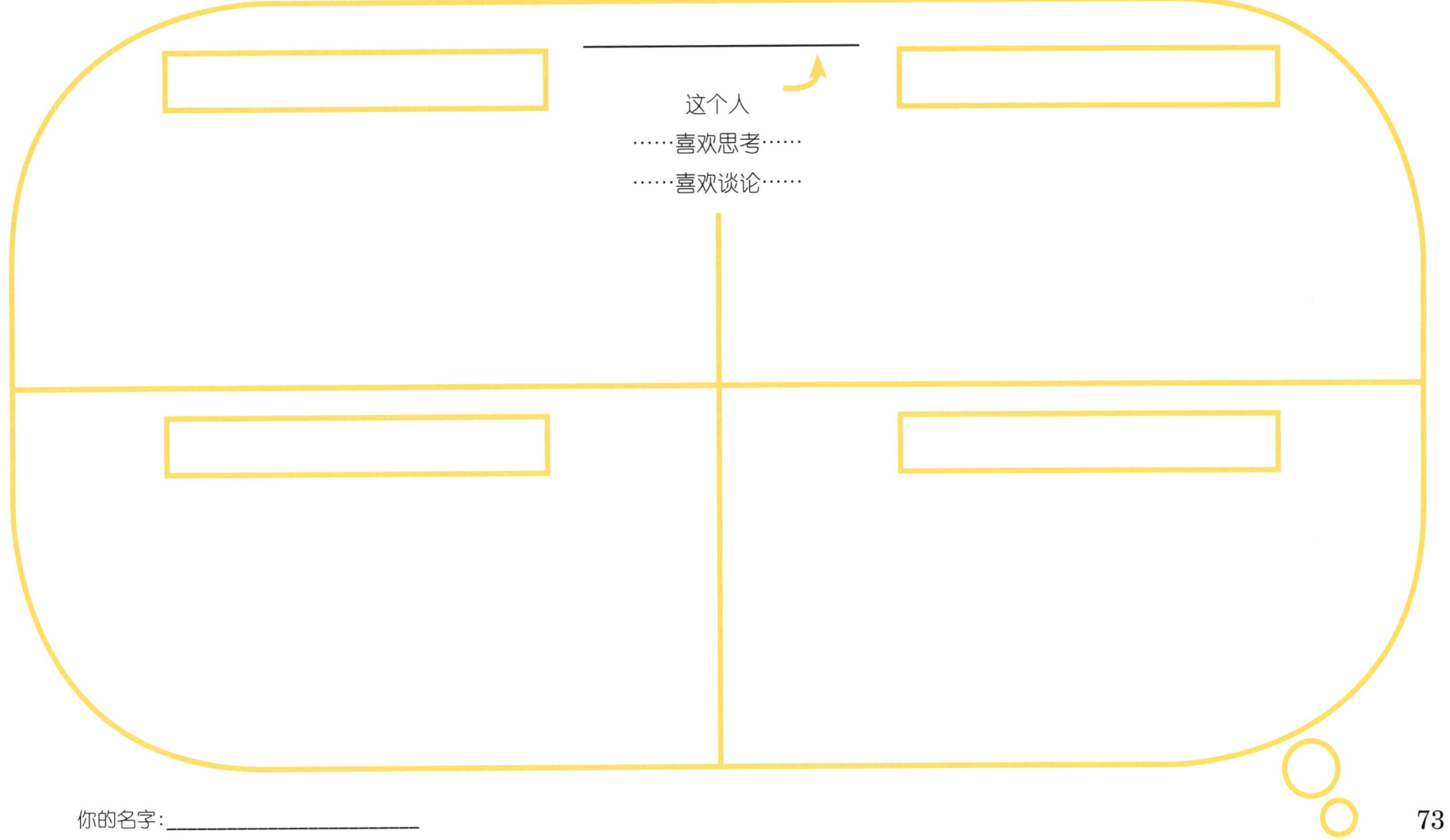

你的名字：_____

Copyright © Joel Shaul 2015

两个人的绿色地带练习单

人物一：＿＿＿＿＿＿＿＿

请在这里写下你喜欢谈论的话题。

人物二：＿＿＿＿＿＿＿＿

请在这里写下你喜欢谈论的话题。

如果你们发现了共同感兴趣的事，请写在这里。
一起聊一聊这些话题。这样一来，
你们就在绿色地带里了。

你的最爱练习单

1. 请在下面的四个方框里，写出你喜欢谈论的四个话题。
2. 画四幅简单的配图，展示这些兴趣。

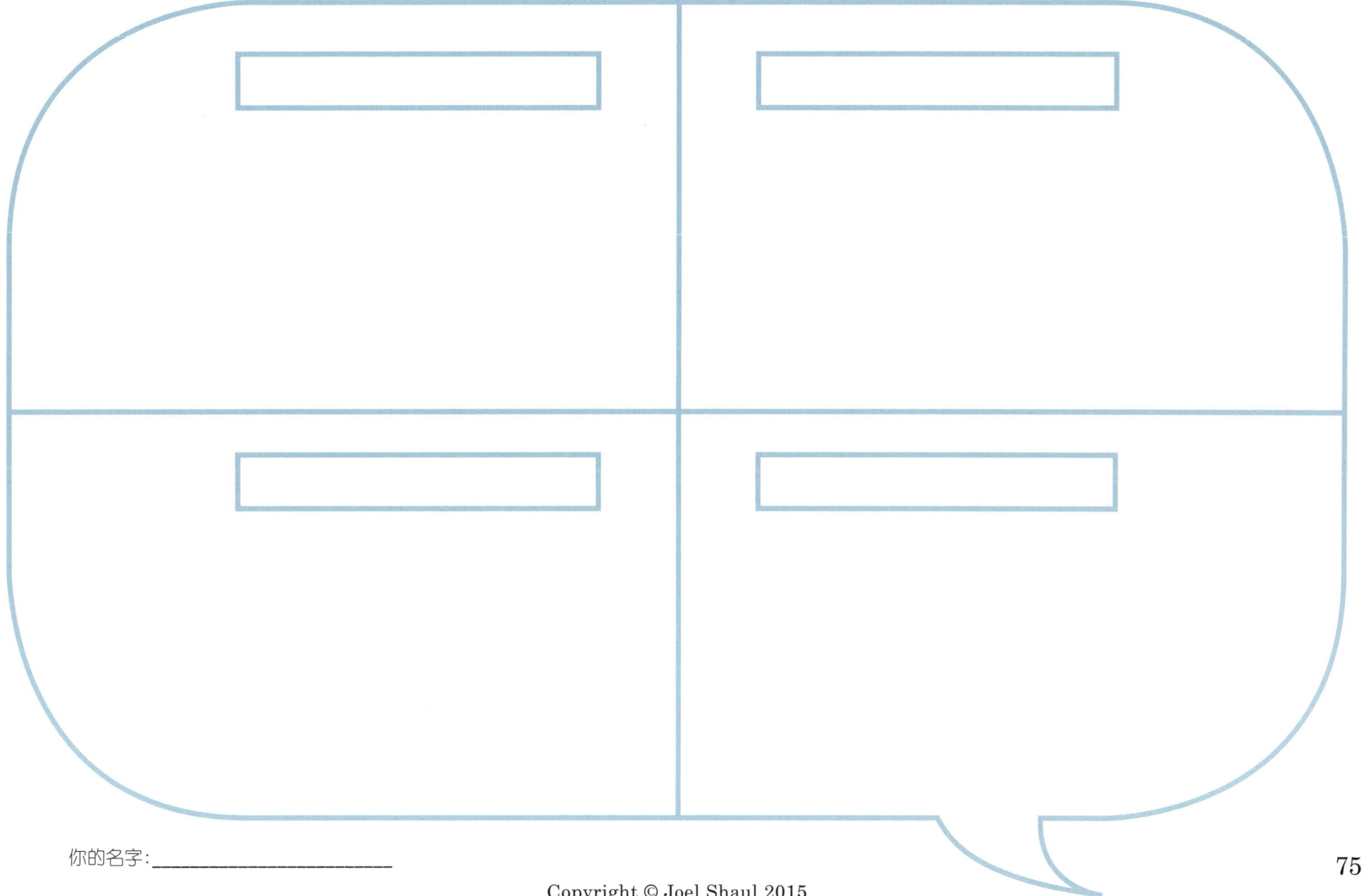

你的名字：_____

当你谈论自己的爱好时，别人怎么想？

若想更好地进入绿色地带对话，你需要了解他人听你讲话时的感受与想法。

1. 请在下面的方框里，写出你最爱谈论的四个话题。
2. 右边的想法气泡是别人听到你的谈话内容时可能有的想法。画线将方框与想法气泡连在一起。
3. 然后，在成人的帮助下，检查你的答案。

这是 _____ 的想法和感受
（你认识的人的姓名）

- 兴趣一
- 兴趣二
- 兴趣三
- 兴趣四

这个话题我最多还能忍半分钟。

我不介意偶尔听人聊一聊这个话题。

这个话题我早就听够了，多听一分钟都是煎熬。

这实在是太有意思了！我想听下去，内容越多越好。

你的名字：_____

空白地带探测表

没有人是完美的！在学习如何保持在绿色地带里时，每个人都应该想一想，自己有时候是怎么进入空白地带的。

请以你了解的一个人为对象，完成这张练习单。

对象姓名：

_____

你最喜爱的电子游戏在这个人的空白地带里吗？
如果是，请写在下面的横线上：

_____

你最喜爱的网站在这个人的空白地带里吗？
如果是，请写在下面的横线上：

_____

你最喜爱的电视节目或电影在这个人的空白地带里吗？
如果是，请写在下面的横线上：

_____

还有没有其他你喜爱谈论的话题
有可能会在这个人的空白地带里？

_____

你的名字：_____

空白地带探测表

没有人是完美的！在学习如何保持在绿色地带里时，每个人都应该想一想，自己有时候是怎么进入空白地带的。

请以你了解的一些人为对象，完成这张练习单。

对象姓名：_____

你最喜爱的电子游戏在这个人的空白地带里吗？如果是，请写在下面的横线上：

_____

如果这个人不在意你最喜爱的网站，请写在下面的横线上：

_____

还有什么别的话题，是你喜爱谈论的，而这个人却并不在意的？

_____

对象姓名：_____

你最喜爱的电子游戏在这个人的空白地带里吗？如果是，请写在下面的横线上：

_____

如果这个人不在意你最喜爱的网站，请写在下面的横线上：

_____

还有什么别的话题，是你喜爱谈论的，而这个人却并不在意的？

_____

对象姓名：_____

你最喜爱的电子游戏在这个人的空白地带里吗？如果是，请写在下面的横线上：

_____

如果这个人不在意你最喜爱的网站，请写在下面的横线上：

_____

还有什么别的话题，是你喜爱谈论的，而这个人却并不在意的？

_____

对象姓名：_____

你最喜爱的电子游戏在这个人的空白地带里吗？如果是，请写在下面的横线上：

_____

如果这个人不在意你最喜爱的网站，请写在下面的横线上：

_____

还有什么别的话题，是你喜爱谈论的，而这个人却并不在意的？

_____

你的名字：_____

绿色地带探测表

你的名字:
_____

请在下面的横线上,
填写你和这个人都喜爱谈论的事物:

你们都喜爱的食物:
_____

你们都喜爱的节日:
_____

你们都喜爱的户外活动:
_____

你们都喜爱的一个人:
_____

你们都喜爱的其他事物:
_____

你认识的人的名字:
_____

绿色地带探测表

现在试试更多人。请再想四个你认识的人。你和他们分别有哪些共同之处？

对象姓名：_____
你们都喜爱的食物：
_____
你们都喜爱的节日：
_____
你们都喜爱的户外活动：
_____
你们都喜爱的一个人：
_____
你们都喜爱的其他事物：
_____

对象姓名：_____
你们都喜爱的食物：
_____
你们都喜爱的节日：
_____
你们都喜爱的户外活动：
_____
你们都喜爱的一个人：
_____
你们都喜爱的其他事物：
_____

对象姓名：_____
你们都喜爱的食物：
_____
你们都喜爱的节日：
_____
你们都喜爱的户外活动：
_____
你们都喜爱的一个人：
_____
你们都喜爱的其他事物：
_____

对象姓名：_____
你们都喜爱的食物：
_____
你们都喜爱的节日：
_____
你们都喜爱的户外活动：
_____
你们都喜爱的一个人：
_____
你们都喜爱的其他事物：
_____

你的名字：_____

亮绿地带探测表

进入亮绿地带是对话的最高级别,同时也是最难的。

1. 请写出一个你认识的人的名字:

_____

2. 写出一些这个人喜欢,而你却并不在意的事物。

这个人喜爱的电视节目:
_____

这个人喜爱的电脑活动:
_____

这个人喜爱的户外活动:
_____

这个人花时间做的一项工作:
_____

这个人喜爱的食物:
_____

你的名字:_____

亮绿地带探测表

现在请再选四个你认识的人，找一找你和他们的亮绿地带。

对象姓名：_____
这个人喜爱的电视节目：
_____
这个人喜爱的电脑活动：
_____
这个人喜爱的户外活动：
_____
这个人花时间做的一项工作：
_____

对象姓名：_____
这个人喜爱的电视节目：
_____
这个人喜爱的电脑活动：
_____
这个人喜爱的户外活动：
_____
这个人花时间做的一项工作：
_____

对象姓名：_____
这个人喜爱的电视节目：
_____
这个人喜爱的电脑活动：
_____
这个人喜爱的户外活动：
_____
这个人花时间做的一项工作：
_____

对象姓名：_____
这个人喜爱的电视节目：
_____
这个人喜爱的电脑活动：
_____
这个人喜爱的户外活动：
_____
这个人花时间做的一项工作：
_____

你的名字：_____

一般兴趣练习单

请在横线上写出你能想到的一般兴趣，多多益善。所谓一般兴趣是指大多数人喜爱一起聊的事物。

你的名字：_____

一般兴趣和特殊兴趣图

请分别在A、B、C、D四个扇形框中，
画出你可以和他人谈论的
一般兴趣。

在E框中画一幅简图，
展示你的特殊兴趣。

你的名字：_____

特殊兴趣练习单

下面这个问题有难度却十分重要：
你可以少谈论自己的哪种特殊兴趣呢？

在思考和书写的过程中，你可以寻求成人的帮助。

_____
_____
_____
_____
_____
_____
_____
_____
_____
_____
_____
_____

你的名字：_____

★

找出大多数人感兴趣的爱好

这里有一些在校学生喜欢聊的话题。

请在你认为是多数学生感兴趣的话题旁边打 ✓。
我们替你打了第一个钩。

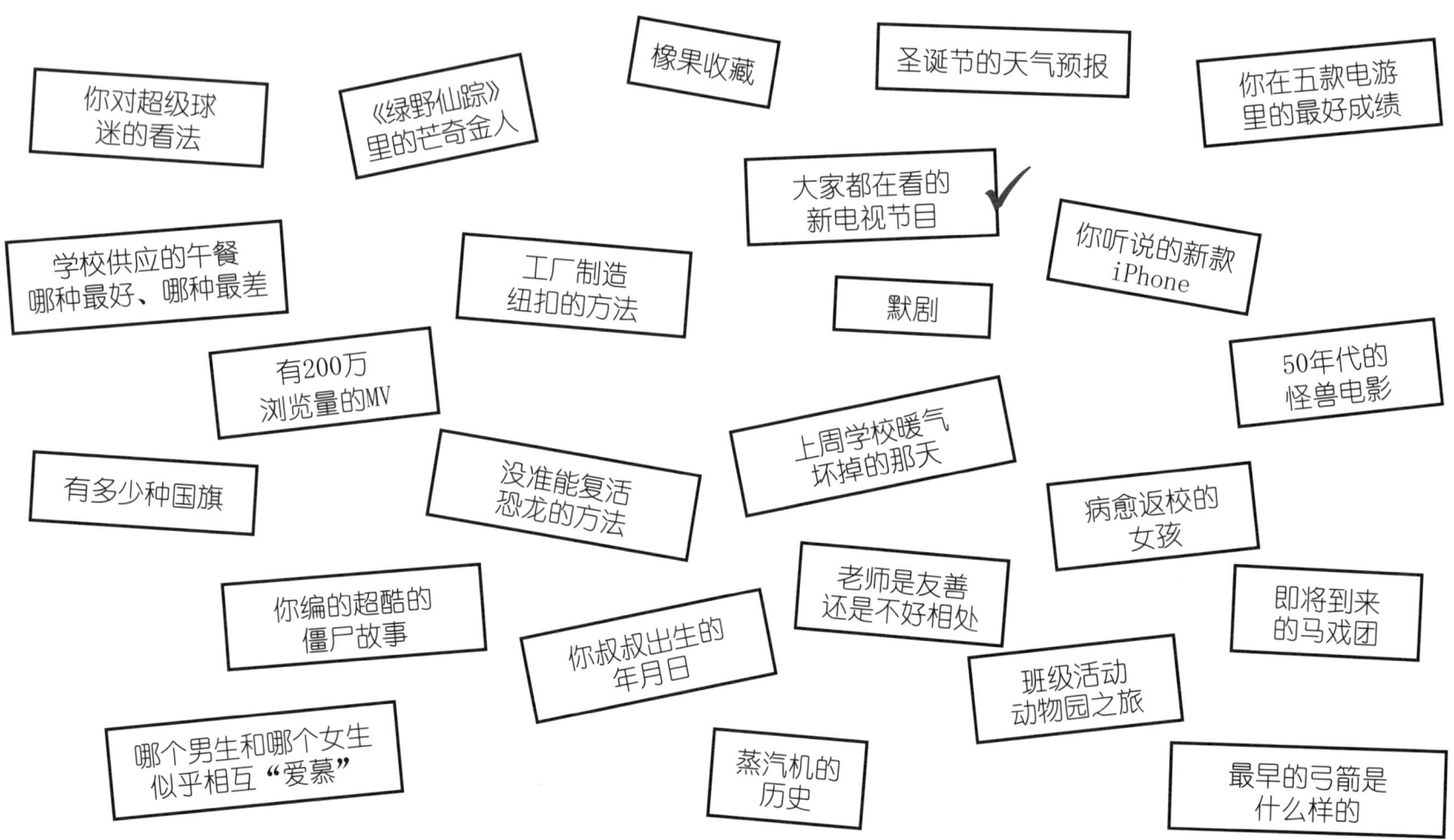

你的名字：＿＿＿＿＿＿＿＿＿＿＿＿

好问题带你走进绿色地带和亮绿地带

好问题能帮你更加了解一个人，也能让你进入绿色地带和亮绿地带。

连一连，请将文字和图片用线连起来，组成好问题。

- 你是什么时候得到……？
- 你最喜欢的……是什么？
- 你是怎么学会……？
- 你是怎么做的……？
- 你觉得……怎么样？
- ……如何？
- ……你怎么看？
- 你喜欢……吗？
- 你在……待了多久？
- 你对……感兴趣吗？
- 你是怎么学会……？
- 你在哪儿买的……？

完成后，请你大声读出这些问题。

你的名字：_____

Copyright © Joel Shaul 2015

好问题练习单

请在左右两边的空白处填写，补全句子，提出好问题。

在这边写出你认识的人的名字。　　　　　　　补全你的问题。

1. ____**弗兰克夫人**____ ，你最喜欢什么____**类型的糖果**____？
   [一位成人]

2. _____ ，你最喜欢什么_____？
   [一位成人]

3. _____ ，你喜欢_____吗？
   [一位老师]

4. _____ ，你觉得_____怎么样？
   [一个男孩]

5. _____ ，你是怎么让自己这么擅长_____？
   [一个女孩]

6. _____ ，你是什么时候得到_____？
   [一位邻居]

7. _____ ，你喜欢_____？
   [一位家长]

8. _____ ，你是怎么学会_____？
   [一位家长]

9. _____ ，你还记得我们是什么时候_____？
   [一位家长]

完成后，请你大声读出这些问题。

你的名字：_____

称赞带你走进绿色地带和亮绿地带

称赞是对你看到的某事物、他人拥有的某样东西，或者是他人做的某件事，而说的褒奖的话。

连一连，请将文字和图片用线连起来，组成称赞的话。

- 你真的很喜欢你的……
- 酷……
- 真好……
- 有意思……
- 厉害啊……
- ……你懂得可真多！
- 你……很不错！
- 我喜欢你那样……
- 这可真是个……
- 你……的方式真好！
- 你……越来越棒了！
- 你很擅长……

你的名字：_____

称赞练习单

请在左右两边的空白处填写，补全句子，组成称赞的话。

在这边写出你认识的人的名字。　　　　　　　　补全你的称赞。

1. _____弗兰克夫人_____, 你很擅长_____教书_____。
   [一位成人]

2. _____, 我喜欢你_____的样子。
   [一位成人]　　　　　　　　　　[这个人做过的一件事]

3. _____, 这件_____真好看。
   [一位老师]　　　　　　　　　　[这个人的某样穿戴]

4. _____, 你_____可真酷。
   [一个男孩]　　　　　　　　　　[这个人做过的某件酷事]

5. _____, 你说_____时也太搞笑了吧。
   [一个女孩]　　　　　　　　　　[这个人说过的搞笑的话]

6. _____, 你_____时可真好。
   [一位邻居]　　　　　　　　　　[这个人为他人做过的一件好事]

7. _____, 你说的_____可真有趣。
   [一位家长]　　　　　　　　　　[这个人说过的有意思的事]

8. _____, 你_____的方法真好。
   [一位家长]　　　　　　　　　　[这个人做的某件好事]

9. _____, 当你做_____时，味道真_____。
   [一位家长]

你的名字：_____

称赞你认识的人

1. 请写出你要称赞的人的名字。
2. 写下对这个人的称赞,多多益善。

称赞这个人拥有的某样东西

称赞这个人的所作所为

称赞这个人的衣着、饰品

被称赞的人的姓名:
_____

称赞这个人说过的话

更多称赞

你的名字:_____

称赞更多的人

请先写出你真正了解的十个人的名字，然后对他们每个人说一句称赞的话。
尽量多使用称赞词。包括但不仅限于你的家庭成员、朋友、亲戚、学校里的人。
我们已经为你写好了一个范例。

1. _琼斯太太，您帮大忙了。_____

2. _____

3. _____

4. _____

5. _____

6. _____

7. _____

8. _____

9. _____

10. _____

好

友善

慷慨

有趣

搞笑

敏捷

有意思

灵活

聪明

勤奋

善良

你的名字：_____

友善的评论带你走进绿色地带和亮绿地带

友善的评论能让他人了解到你关注他们。
友善的评论有助于他人和你对话，这样你就能更加了解他们。

连一连，请将文字与图片用线连起来，组成友善的评论。

- 跟我说说你的……
- 我从没见过像你这样的……
- 我很好奇你的……
- 请再多跟我讲讲……
- 你刚刚说的……
- 我也有一个……和你的很像。
- 你似乎很喜欢……
- 你好像对……很感兴趣。
- 我发现你……很努力。
- 你……有多久了？
- 好遗憾……

你的名字：_____

友善的评论练习单

友善地评论一个你认识的人。在"对象姓名"的横线上写出这个人的姓名，并补全下列句子。

对象姓名: _____

1. 跟我说说你的_____。

2. 我从没见过像你这样的_____。

3. 我很好奇你的_____。

4. 再多跟我讲讲_____。

5. 不久前，你说过_____。

6. 我也有一个_____和你的很像。

7. 你似乎很喜欢_____。

8. 你好像对_____很感兴趣。

9. 我发现你_____很努力。

你的名字: _____

编写一篇关于同龄女孩的故事

假设这个女孩和你在很多方面都不相同，你们只有很少的共同之处。

她的名字：_____

她和_____

_____住在一起。

她的宠物_____

_____。

她的母亲从事_____

_____工作。

她的父亲正在找工作，他以前的工作是_____

_____。

她为自己_____的收藏而自豪。

她最喜爱的游戏是_____。

在学校，她最擅长_____。

她一向自带午餐，而且几乎每天都是_____

_____。

周末，她最喜爱的户外活动是_____

_____。

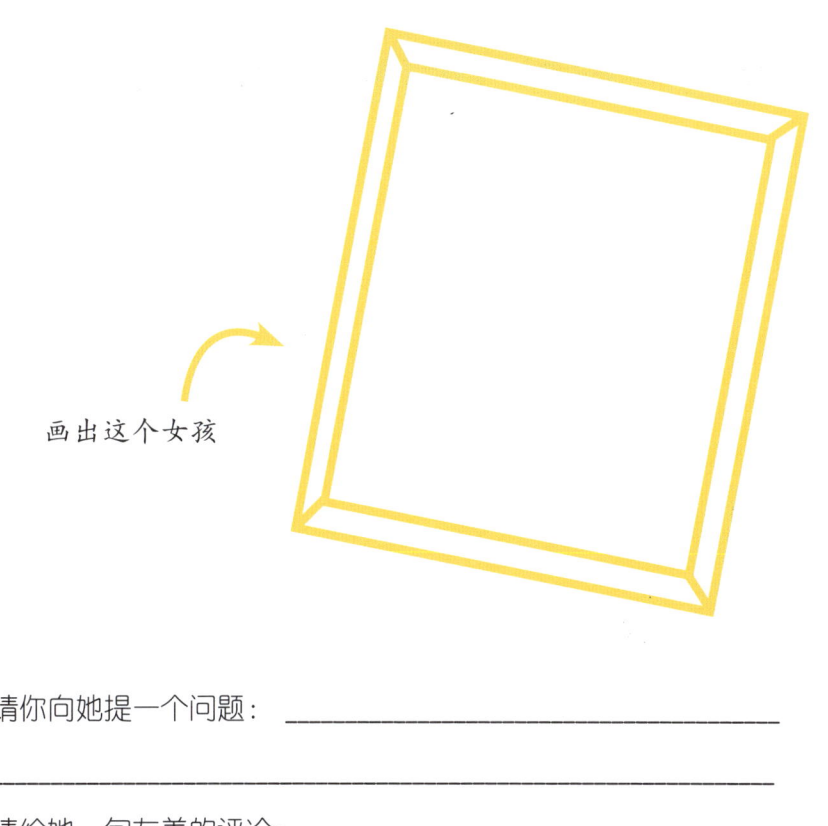

画出这个女孩

请你向她提一个问题：_____

_____

请给她一句友善的评论：_____

_____

_____

请写两条称赞她的话：_____

_____

_____

_____

你的名字：_____

编写一篇关于同龄男孩的故事

假设这个男孩和你在很多方面都不相同,你们只有很少的共同之处。

他的名字:_____

他和_____

_____住在一起。

他用拐杖走路,这是因为_____

_____。

他的母亲是学校的义工,从事_____

_____工作。

他的父亲是他队伍的教练,这项运动是_____

_____。

午饭时,你看到他在笔记本上画了_____。

他经常穿上面印有_____。

_____图案的T恤。

有一次,他带到班里展示的最令人吃惊的东西:_____

_____。

学校午餐供应_____

_____的时候,他会自备午饭。

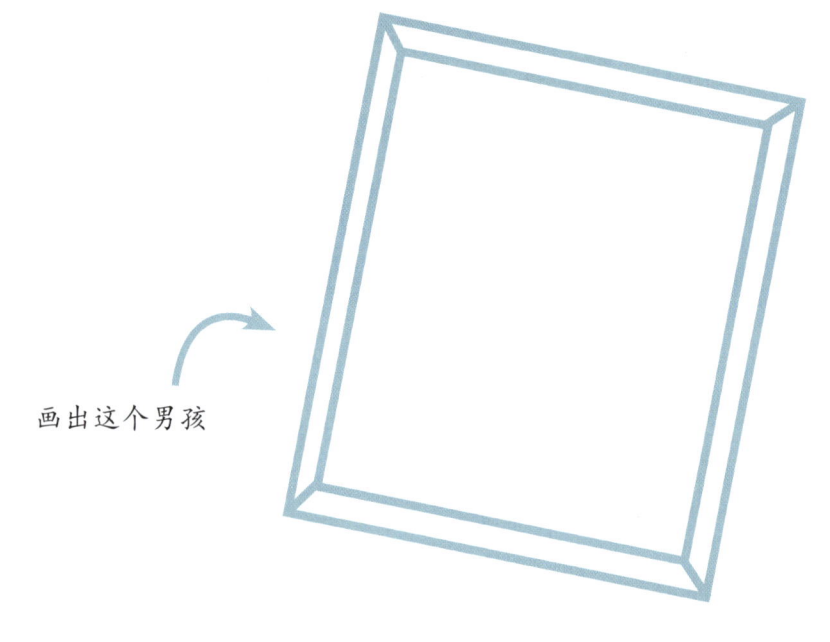

画出这个男孩

请你向他提一个问题:_____

_____

请给他一句友善的评论:_____

_____

_____

请写两条称赞他的话:_____

_____

_____

_____

你的名字:_____

另一个人的兴趣图

画出这个人喜爱谈论的事物。

这里是 _____的一些兴趣。

你的名字:_____

图书在版编目（CIP）数据

用颜色学沟通：找到共同话题的视觉策略 /（美）乔尔·沙乌尔（Joel Shaul）著；王漪虹译. -- 北京：华夏出版社，2019.1
书名原文：The Green Zone Conversation Book: Finding Common Ground in Conversation for Children on the Autism Spectrum
ISBN 978-7-5080-9538-7
Ⅰ.①用… Ⅱ.①乔… ②王… Ⅲ.①孤独症-心理交往-儿童教育-特殊教育 Ⅳ.①G766②C912.11

中国版本图书馆CIP数据核字(2018)第171083号

Copyright © Joel Shaul, 2015
First published in the UK in 2015 by Jessica Kingsley Publishers Ltd
73 Collier Street, London, N1 9BE, UK www.jkp.com All rights reserved
Printed in China

中文简体版权属华夏出版社所有。
严禁以任何形式使用本书中的文字和图片，违者必究。
北京市版权局著作权合同登记号：图字01-2018-3422号

用颜色学沟通：找到共同话题的视觉策略

作　　者	［美］乔尔·沙乌尔
译　　者	王漪虹
责任编辑	薛永洁
出版发行	华夏出版社
经　　销	新华书店
印　　装	北京汇林印务有限公司
版　　次	2019年1月北京第1版　2019年1月北京第1次印刷
开　　本	889×1194　1/16开
印　　张	6.5
字　　数	15千字
定　　价	42.00元

华夏出版社　地址：北京市东直门外香河园北里4号　邮编：100028　网址：www.hxph.com.cn　电话：（010）64663331（转）
若发现本版图书有印装质量问题，请与我社营销中心联系调换。